Impressum
Verlag: BABADADA GmbH, Nedderfeld 112 , 22529 Hamburg
Geschäftsführer / Verlagsleitung: Harald Hof
Druck: Books on Demand GmbH, In de Tarpen 42, 22848 Norderstedt

Imprint
Publisher: BABADADA GmbH, Nedderfeld 112 , 22529 Hamburg, Germany
Managing Director / Publishing direction: Harald Hof
Print: Books on Demand GmbH, In de Tarpen 42, 22848 Norderstedt

escola
škola

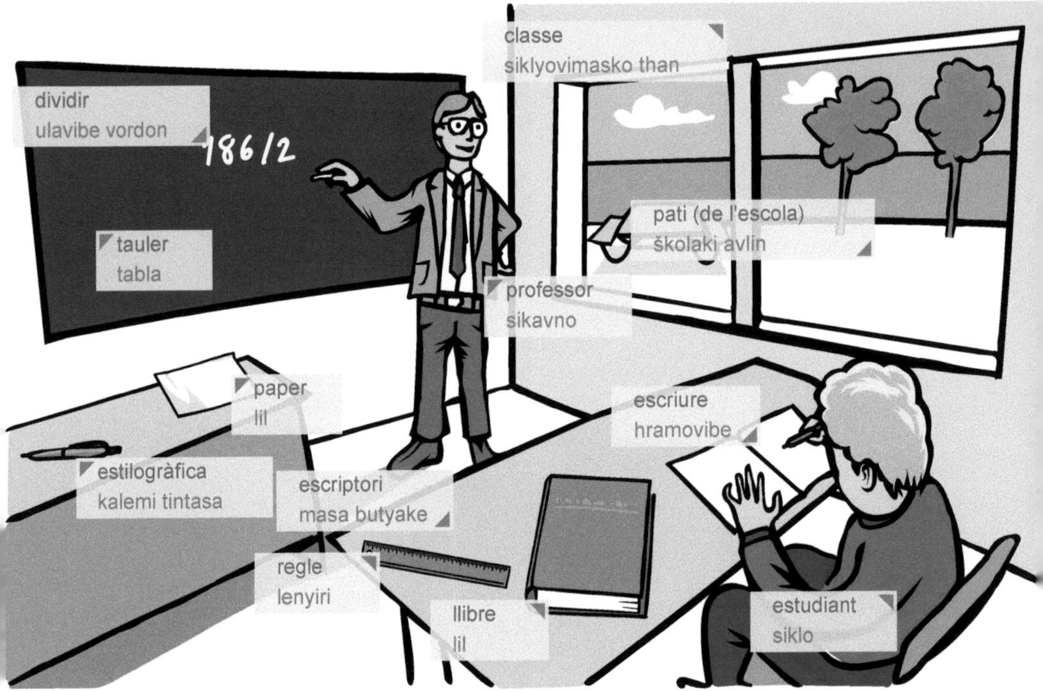

classe
siklyovimasko than
dividir
ulavibe vordon
186/2
tauler
tabla
pati (de l'escola)
školaki avlin
professor
sikavno
paper
lil
escriure
hramovibe
estilogràfica
kalemi tintasa
escriptori
masa butyake
regle
lenyiri
llibre
lil
estudiant
siklo

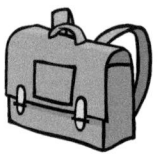

bossa
dumeski tašna

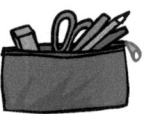

estoig
kalemengi kutia

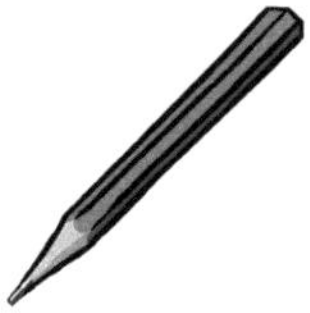

llapis
kalemi

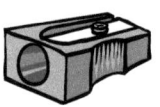

maquineta de fer punta
kalemengi čhurori

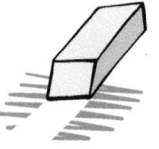

goma
kosimaski guma

bloc de dibuix
čitrimasko bloko

dibuix

čitribe

pinzell

boyimaski frča

capsa de pintures

boyimaski kutia

tisores

kata

cola

lepako

quadern d'exercicis

bukjardarimasko lil

deures

khereski buti

nombre

gendo

afegir

džide

sostreure

ikal

multiplicar

multiplicirin

calcular

kalkulirin

lletra

hramome lil

alfabet

alfabeta

mot

lafo

text
teksti

llegir
drabaribe

guix
kreda

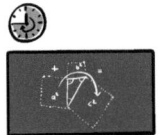

lliçó
lekciya

llibre de classe
Klasesko registro

examen
egzameni

certificat
sertifikato

uniforme escolar
školaki uniforma

formació
edukacia

enciclopèdia
enciklopedia

universitat
univerziteto

microscopi
mikroskopo

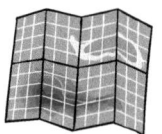

mapa
mapa

paperera
korpa čhudimaske lila

viatge
dromaripe

hotel
hoteli
Grand
alberg
Lačhi blevel!
ROOMS
EXCHANGE
oficina de canví
biro baši devize
maleta
koferi
automòbil
vordon

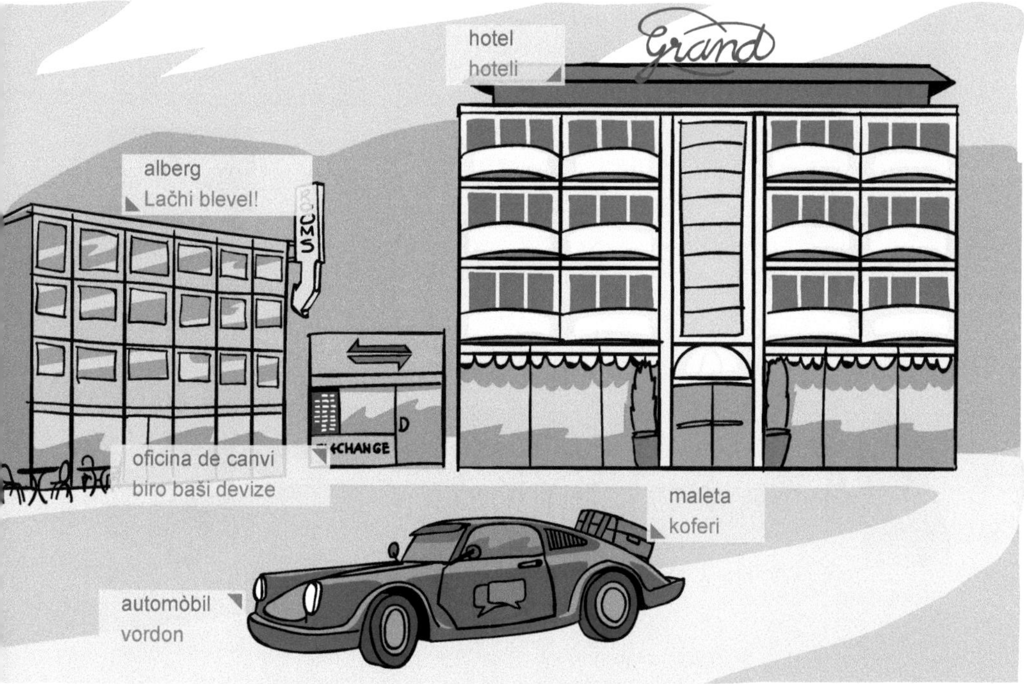

llengua

ćhib

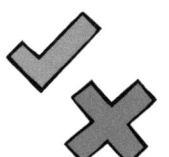

sí / no

va / na

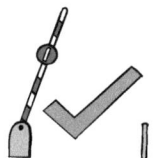

D'acord

Okay

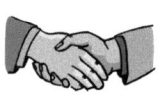

Ey!

Namaste

traductora

tumači

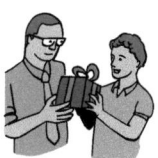

gràcies

Ov sasto

Quant costa... ?

Kozom si...?

No entenc

Na havava

problema

problemo

Bona nit!

Lačhi rat!

bon dia!

Lačhi javin!

bona nit!

Lačhi rat!

fins aviat

ačhon Devlesa

direcció

dromeski sikavin

bagatge

bagaži

bossa

gono

sarrona

dumesko gono

convidat

misafiri

cambra

kamara

sac de dormir

sovimasko gono

tenda

cerha

oficina de turisme

turistikani informacia

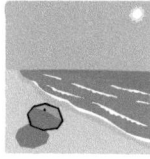

platja

plaža

carta de crèdit

kreditno kartica

esmorzar

javinako habe

dinar

kušluko

sopar

ratyako habe

bitllet

karta

ascensor

elevatori

segell

marka

frontera

simantra

duana

adetia

ambaixada

ambasada

visat

viza

passaport

pašaporti

transport
transporti

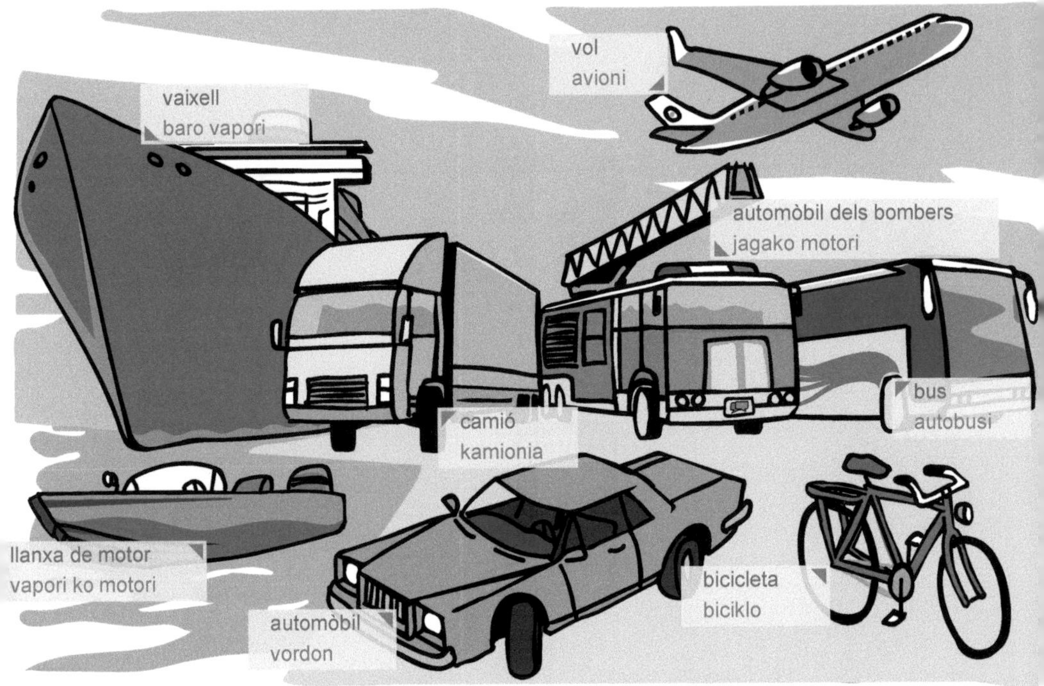
vol
avioni
vaixell
baro vapori
automòbil dels bombers
jagako motori
bus
autobusi
camió
kamionia
llanxa de motor
vapori ko motori
bicicleta
biciklo
automòbil
vordon

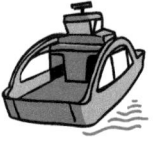

transbordador

feri vapori

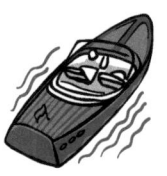

barca

vapori

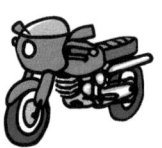

moto

motorciklo

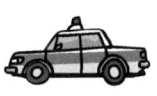

automòbil de policia

policiako vordon

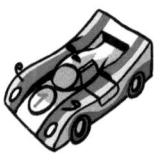

automòbil de curses

prastamasko vordon

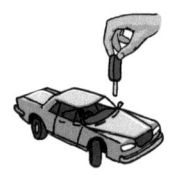

automòbil de lloguer

rentakar

vehicle compartit

ulavibe vordon

grua

rumosardo kamioni

camió de les escombraries

kamionengo than

motor

motori

benzina

petroli

benzineria

petrolesko stasioni

senyal de trànsit

trafikoskere išaretia

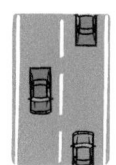

trànsit

trafiko

embús

baro trafiko

aparcament

vordonesko parkirimasko than

estació de trens

pampurengo stasioni

vies

kamionia

tren

pampuri

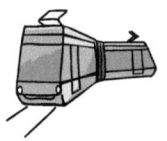

tramvia

tramvaj

vagó

vagoni

helicòpter

helikopteri

aeroport

aeroporti

torre

kula

passatger

dromarutno

contenidor

kontejneri

capsa de cartó

kartoni

carretó

vordonoro

cistella

sevli

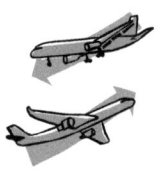

enlairar-se / aterrar

urjalipasko starto /
urjalipasko agor

ciutat
diz

poble

gav

centre de la ciutat

dizyako centro

casa

kher

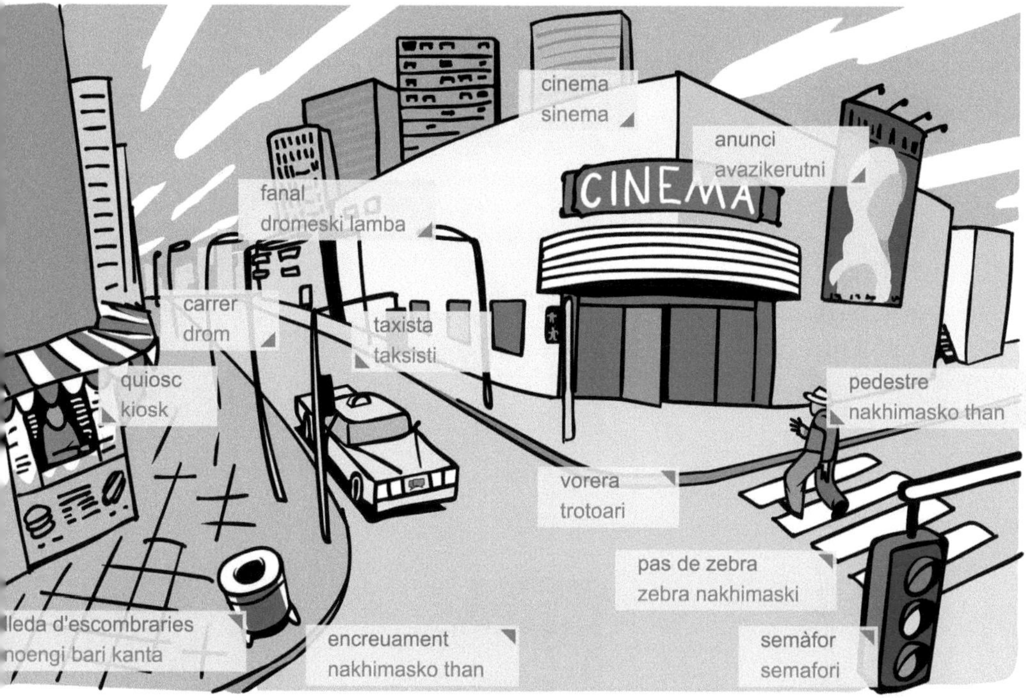

cinema
sinema

anunci
avazikerutni

fanal
dromeski lamba

carrer
drom

taxista
taksisti

quiosc
kiosk

pedestre
nakhimasko than

vorera
trotoari

pas de zebra
zebra nakhimaski

lleda d'escombraries
noengi bari kanta

encreuament
nakhimasko than

semàfor
semafori

cabana
koliba

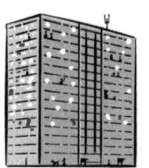

apartament
apartmani

estació de trens
pampurengo stasioni

casa de la vila-ciutat
dizyaki sala

museu
muzeji

escola
škola

universitat
univerziteto

banca
banka

hospital
hospitalo

hotel
hoteli

farmàcia
apoteka

oficina
ofiso

llibreria
lil bikinimasko than

botiga
dukyano

floristeria
lulugengo bikinutno

supermercat
supermarket

mercat
kurko

gran magatzem
baro bikinimasko kher

peixateria
mačhengo astarutno

centre comercial
kinimasko centro

port
vaporengo ačhovimasko than

parc

parko

banc

klupa

pont

purt

escala

merdevenya

metro

metro stasioni

túnel

tuneli

parada d'autobús

autobuseski adžikerin

bar

bar

restaurant

restorani

bústia de correu

poštako mohto

senyal indicador

dromesko išareti

parquímetre

parking than

zoo

zoo

piscina

nangyovimasko bazeni

mesquita

džamiya

granja
farma

pol·lució
melalipe

cementiri
limorengo than

església
khangeri

parc infantil
khelimasko than

temple
hramo

paisatge
pejzaži

fulla
patrin

cartell indicador
išareti

camí
drom

prat
livazin

pedra
bar

excursionista
phiravno

arbre
kašt

riu
len

gespa
čar

flor
luludi

vall

harno than

muntanya

bairi

llac

devrijal

bosc

veš

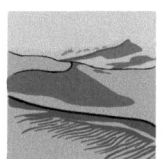

desert

mulano than

volcà

vulkano

castell

saraji

arc de Sant Martí

renkali badalin

bolet

gaba

palmera

palma kašt

moscard

sivrija

mosca

mak

formiga

karandža

abella

birumni

aranya

pauko

escarabat

buba

granota

žamba

esquirol

ververica

eriçó

kanzauri

llebre

šošoj

òliba

buf

ocell

pakšin

cigne

lebedi

senglar

bali

cervo

eleno

ant

eleno

presa

pani garavin

turbina

bavlalaki turbina

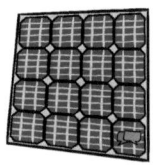

panell solar

solarno paneli

clima

klima

restaurant
restorani

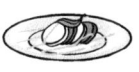

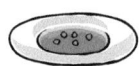

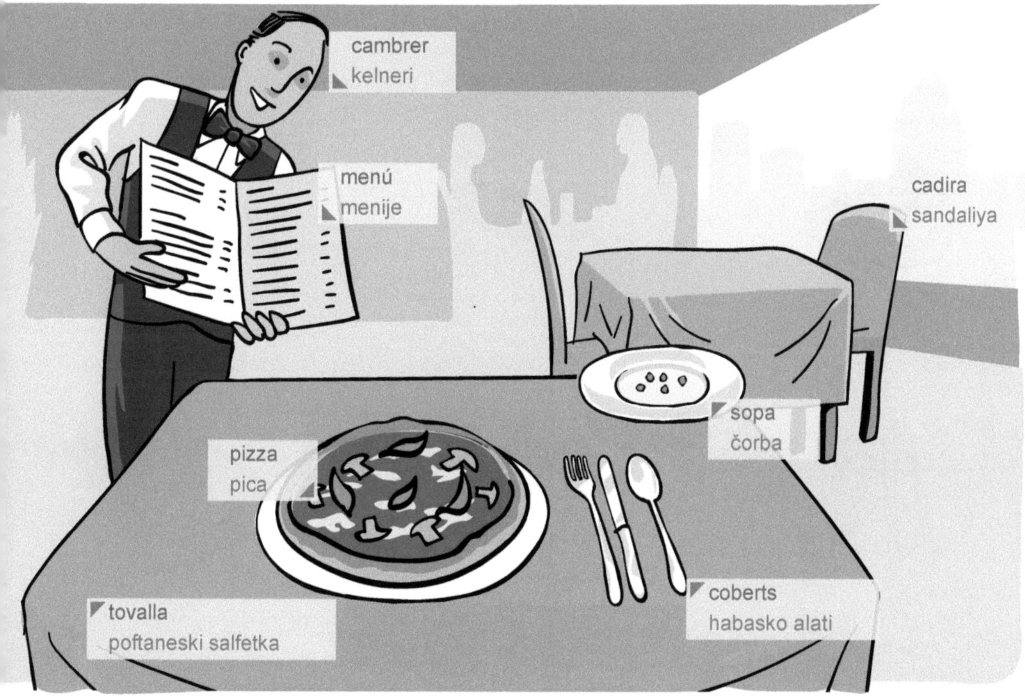
cambrer
kelneri
menú
menije
cadira
sandaliya
sopa
čorba
pizza
pica
coberts
habasko alati
tovalla
poftaneski salfetka

primer plat

avgo habe

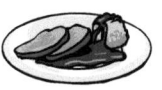

plat principal

šerutno habe

darreries

gudlimata

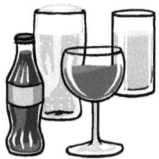

begudes

piiba

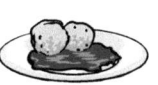

menjar

habe

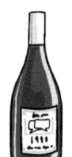

ampolla

šiša

menjar ràpid

fast food

menjar de carrer

sokakongo habe

tetera

čajniko

sucrer

šekereskoro čaroro

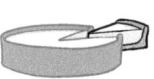

porció

porcia

màquina d'espresso

makina vaš espresso

trona

uči sandaliya

factura

esapi

plata

apladiya

ganivet

čhuri

forqueta

vilyuška

cullera

roj

cullereta

čajeski roj

tovalló

salfetka

got

tahtai

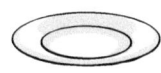

plat

čaro

plat de sopa

čaro čorbake

plateret

hor čaro

salsa

sosi

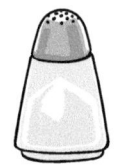

saler

londesko čaroro

molinet de pebre

kale biberesko pišlo

vinagre

šut

oli

zejtini

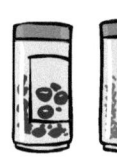

espècies

začinia

quètxup

kečap

mostassa

senf

maionesa

majonezi

supermercat

supermarket

oferta especial
specialno oferta
client
mušteriya
productes lactis
thudeske butya
fruites
emiši
carret de la compra
vordonoro
FOR

BUTCHERS

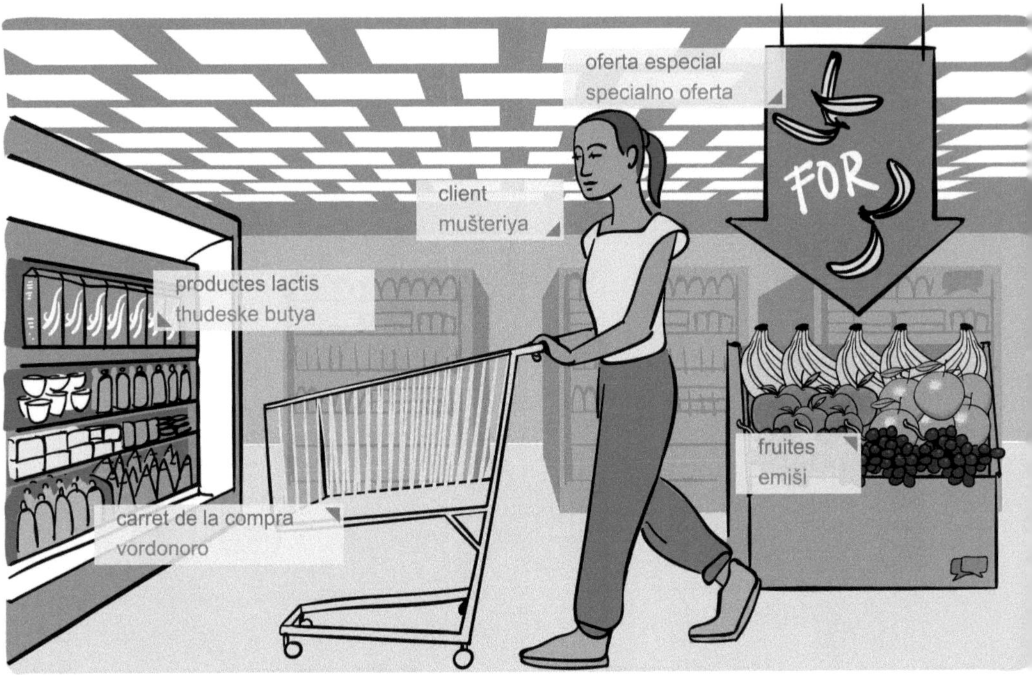

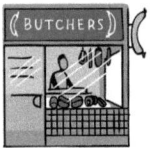

carnisseria

kasapi

BAKERY

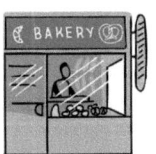

forn de pa

furuna

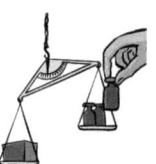

pesar

ladavipe

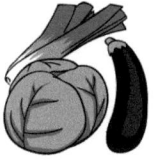

verdures

zarzavati

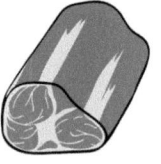

carn

masesko rolati

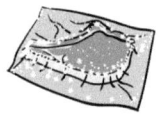

menjar congelat

pahome habe

carn freda

šudro mas

conserves

konzerva

detergent en pols

thovimasko prašako

dolços

gudlimata

articles domèstics

khereske butya

productes de neteja

užarimaske butya

venedora

bikinutno

caixa registradora

kasapi

caixera

kasieri

llista de la compra

kinimaski patrin

horari d'obertura

putarimaske satura

portamonedes

lovengi tašna

carta de crèdit

kreditno kartica

bossa

gono

bossa de plàstic

plastikano gono

aigua

pani

suc

džus

llet

thud

coca-cola

kola

vi

mol

cervesa

bira

alcohol

alkohol

cacau

kakao

te

čaj

cafè

kafa

espresso

espresso

cappuccino

cappuccino

banana

banana

poma

phabaj

taronja

portokali

síndria

kavuni

llimona

limoni

pastanaga

karota

all

sir

bambú

bambusi

ceba

purum

bolet

gaba

avellanes

akhora

fideus

humereske butya

espaguetis

špageti

arròs

rezo

amanida

salata

patates fregides

čipsi

patates fregides

peke kompiria

pizza

pica

hamburguesa

hamburger

entrepà

sendviči

escalopa

kotleti

cuixot

žamboni

salami

salama

salsitxa

goja

pollastre

khajnako mas

rostit

peko

peix

mačho

menjar - habe

flocs de civada

popara

musli

musli

cereals

kornfleks

farina

varo

croissant

kroasani

panet

masesko rolati

pa

maro

torrada

tosti

bescuits

biskotia

mantega

puteri

mató

urda

pastís

torta

ou

jaro

ou fregit

peke jare

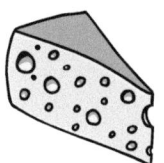

formatge

kiral

gelat

šudro gudlo

sucre

šekeri

mel

avgin

melmelada

džem

crema de xocolata

čokoladaki krema

curri

kari

granja

farma

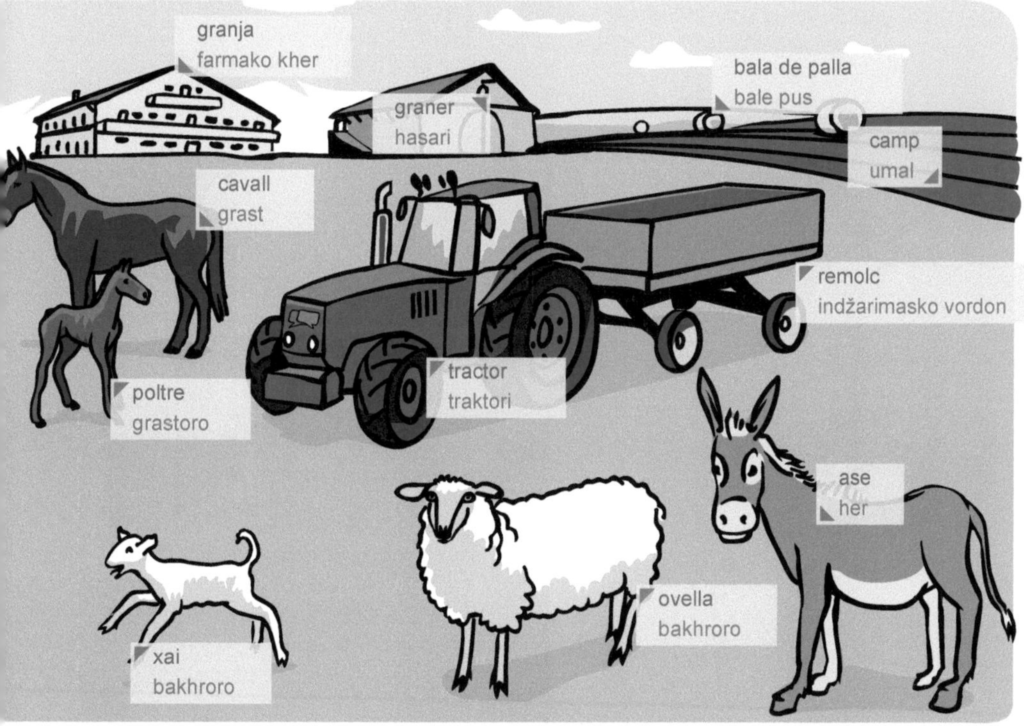

granja
farmako kher
graner
hasari
bala de palla
bale pus
camp
umal
cavall
grast
remolc
indžarimasko vordon
poltre
grastoro
tractor
traktori
ase
her
ovella
bakhroro
xai
bakhroro

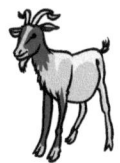

cabra
buzno

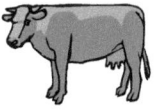

vaca
guruvni

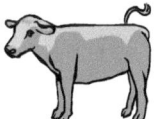

vedella
guruvoro

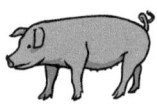

porc
balo

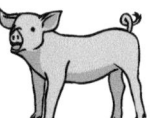

garrí
baloro

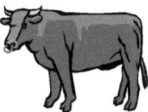

bou
guruv

oca
papin

ànec
payka

poll
pilička

gall
khayni

gallina
bašno

rata
baro germuso

gat
bilika

ratolí
germuso

bou
guruv

gos
džukel

gossera
džukelesko kher

mànega de regar
žardina

regadora
panyarimaski kanta

dalla
aindžako kidimasko alati

arada
plugo

falç
srpo

aixada
motika

forca
aindžaki vilyuška

destral
tover

carretó
vordonoro phiravutno

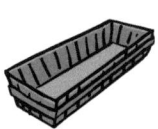

abeurador
balani

lletera
thudeski šiša

sac
harari

tanca
trujalutni

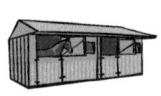

establa
jahri

hivernacle
haryalo kher

sòl
phuv

llavor
seme

adob
gyubre

collidora
aindžako kidipe

collir

kidibe aindž

collita

harmani

nyam

phuvaki phabaj

blat

giv

soja

soja

patata

kompiri

blat de moro o d'indi

mumuruzi

colza

šarlagani

arbre fruiter

emišengo kašt

mandioca

Kasava

cereals

giveskere javinlukoja

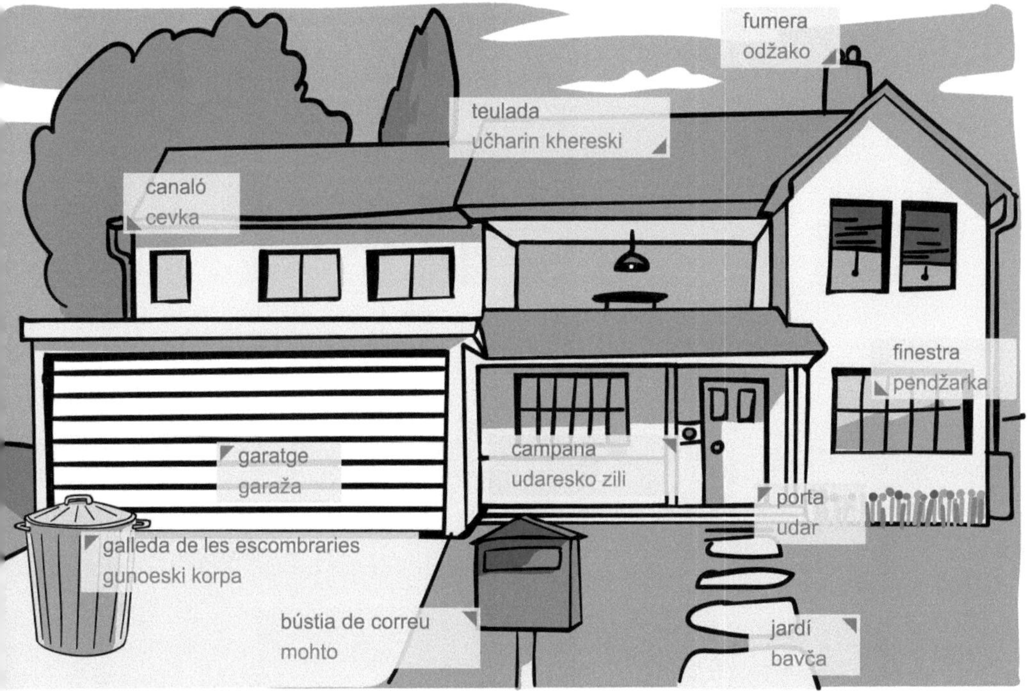

fumera
odžako

teulada
učharin khereski

canaló
cevka

finestra
pendžarka

garatge
garaža

campana
udaresko zili

porta
udar

galleda de les escombraries
gunoeski korpa

bústia de correu
mohto

jardí
bavča

sala d'estar
- - - - - - - - - - -
bešimaski kamara

bany
- - - - - - - - -
banya

cuina
- - - - - - - - -
kujna

cambra de dormir
- - - - - - - - - - -
sovimasko than

cambra de nen
- - - - - - - - - -
čhavengi kamara

menjador
- - - - - - - - - -
than hajbaske rakjako habe

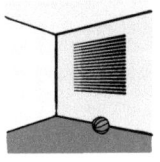

sòl

kati

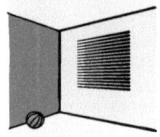

paret

duvari

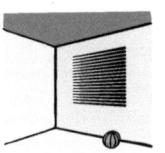

sostre

tavano

soterrani

špajzi

sauna

sauna

balcó

terasa

terrassa

terasa

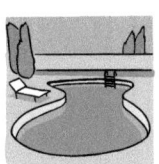

piscina

bazeni

tallagespa

čar harnyarimaski makina

vànova

patrin

cobrellit

čaršafia

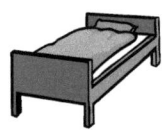

llit

kreveto

escombra

šulavni

galleda

korpa

interruptor

elektrikani phabarin

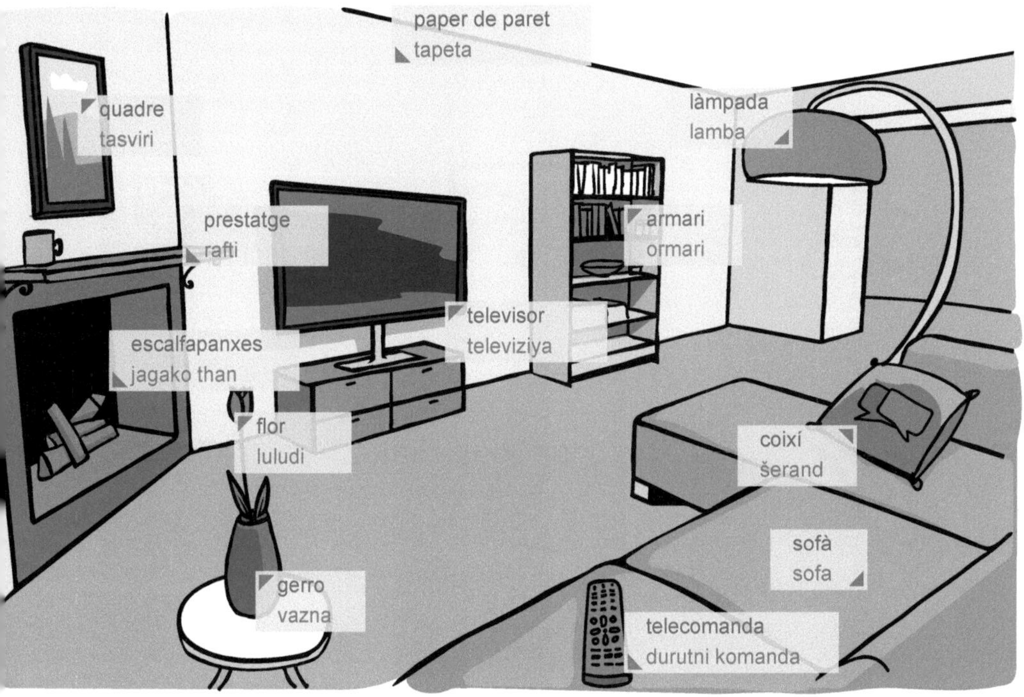

paper de paret
tapeta

quadre
tasviri

làmpada
lamba

prestatge
rafti

armari
ormari

escalfapanxes
jagako than

televisor
televiziya

flor
luludi

coixí
šerand

sofà
sofa

gerro
vazna

telecomanda
durutni komanda

catifa
kilimi

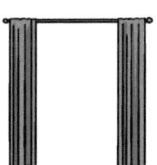

cortina
perde

taula
masa

cadira
sandaliya

cadira gronxadora
kunajka sandaliya

cadiral
fotelya

llibre
lil

llençol
kebe

decoració
dekoraciya

llenya
kašta phabarimaske

film
filmi

cadena de música
stereo ašunimaske butya

clau
nahtari

diari
gazeta

pintura
frčaja bojakeribe

cartell
posteri

ràdio
radio

bloc de notes
hramovimasko bloko

aspiradora
elektrikani šulavni

cactus
kaktusi

candela
momoli

cuina
kujna

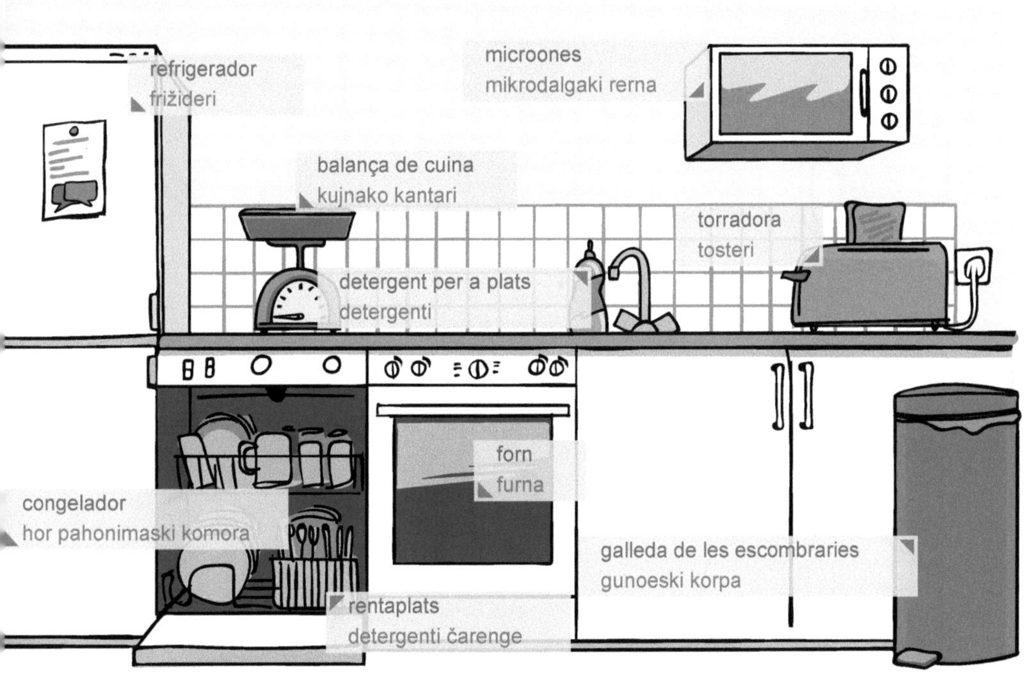

refrigerador
frižideri
microones
mikrodalgaki rerna
balança de cuina
kujnako kantari
torradora
tosteri
detergent per a plats
detergenti
forn
furna
congelador
hor pahonimaski komora
galleda de les escombraries
gunoeski korpa
rentaplats
detergenti čarenge

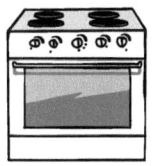

cuina de fogons

keravimasko than

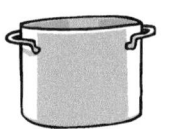

olla

čaro

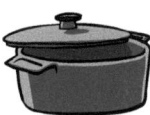

olla de ferro colat

sastrnali tendžera

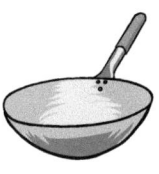

wok / karahi

vok cihani

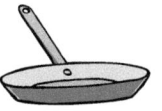

paella

tava

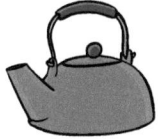

bullidor

elektrikano bokali

olla de vapor

tendžera ki para

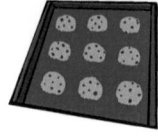

plata de forn

tepsija

vaixella

čare

tassa grossa

bareder fildžano

bol

čaro

bastonets xinesos

kinakere habaskere kaštore

culler

fioka

espàtula

špatula

batedor

vastesko mikseri

colador

cedimasko čaro

sedàs

porizen

ratllador

rende

morter

avano

barbacoa

skara

foc a terra

puteribe jag

taula de tallar

čhinimaski tabla

corró

oklagia

llevataps

puterimasko alati

pot de conserva

konzerva

obridor

konzervako puterutno

agafador

čaresko ikerutno

aigüera

lavabo

raspall

frča

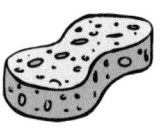

esponja

sungeri

batedora

mikseri

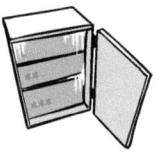

congelador

hor pahonimasko frižideri

biberó

bebeski šiša

aixeta

češma

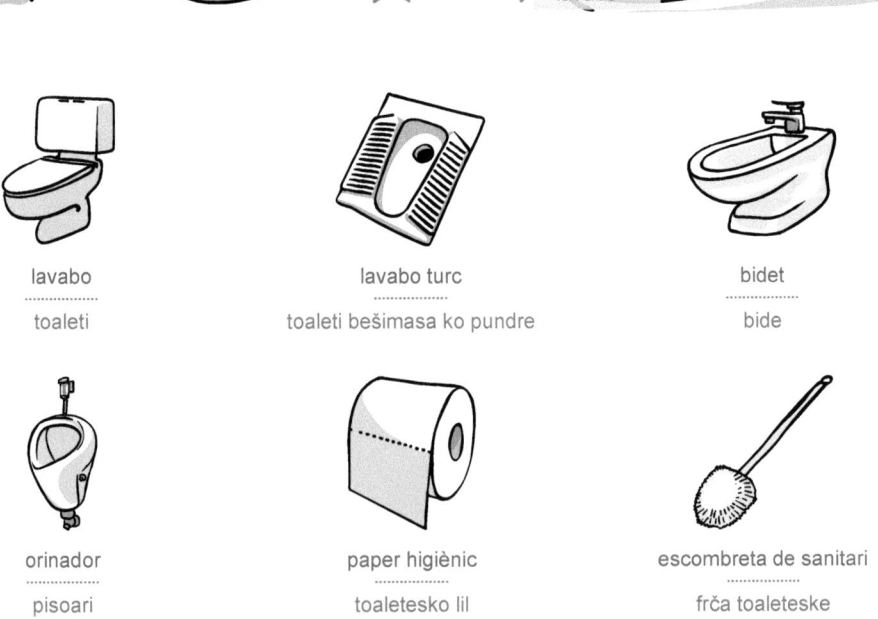

dutxa
tuširibe

calefacció
tataripe

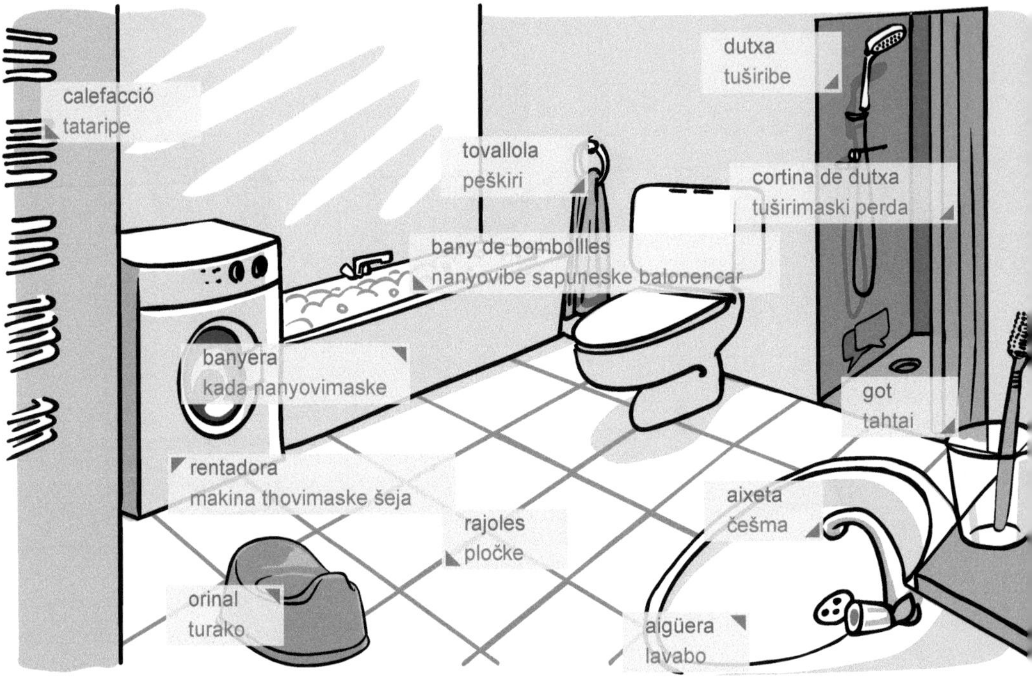

tovallola
peškiri

cortina de dutxa
tuširimaski perda

bany de bombollles
nanyovibe sapuneske balonencar

banyera
kada nanyovimaske

got
tahtai

rentadora
makina thovimaske šeja

rajoles
pločke

aixeta
češma

orinal
turako

aigüera
lavabo

lavabo	lavabo turc	bidet
toaleti	toaleti bešimasa ko pundre	bide

orinador	paper higiènic	escombreta de sanitari
pisoari	toaletesko lil	frča toaleteske

raspall de dents

danda thovimaski frča

pasta de dents

danda thovimaski krema

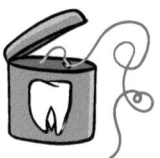

fil dental

dandesko thav

rentar

thovibe danda

pom de dutxa

vasteskoro tuši

dutxa íntima

tuši

rentamans

lavabo

raspall per a l'esquena

dumeski frča

sabó

sapuni

gel de dutxa

tuširimasko geli

xampú

šamponi

manyopla de bany

flanela

bonera

kada ćidimaske pani

crema

krema

desodorant

dezodoransi

mirall

ajna

mirall-espill de mà

vasteski ajna

maquineta de rasar

žileti moravimaske

espuma de barbejar

moravimaski pena

loció post-rasada

palal muravimaski krema

pinta

kanglik

raspall

frča

eixugador

feni balenge

laca

sprej balenge

maquillatge

šminka

pintallavis

karmini

esmalt d'ungles

oja najenge

cotó

pamuko pošom

tallaungles

kata najenge

perfum

parfemi

estoig de bellesa

gono thovimaske

tamboret

sandaliya

bàscula

tereziya

barnús

bademantili

guants de goma

gumena kalcunya

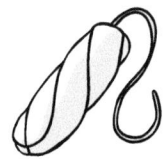

compresa higiènica

tamponi

compresa

toaletno lil

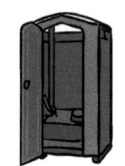

sanitari químic

hemikano toaleti

cambra de nen
čhavengi kamara

despertador
alarmesko sato
animal de peluix
mangli khelutni
auto de joguina
vordonora khelimaske
sonall
tropalka
casa de nines
bebedžikongo kher
present
bakšiši

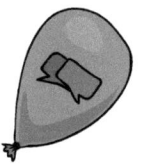

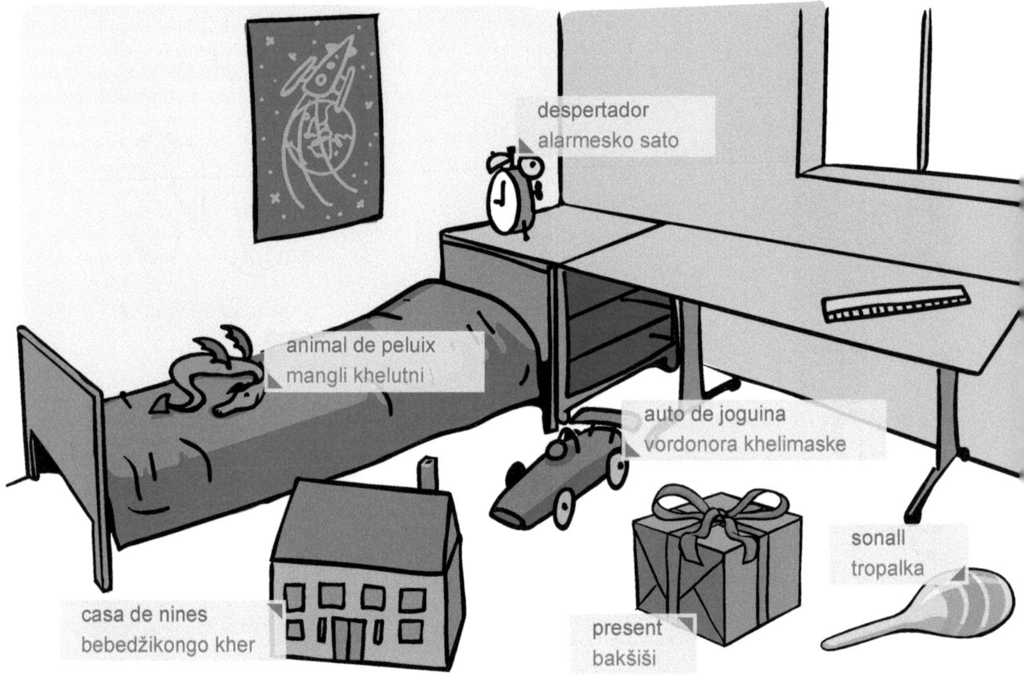

baló

baloni

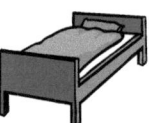

llit

kreveto

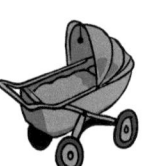

cotxet per a nens

bebengo vordon

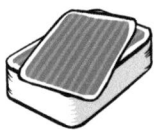

joc de cartes

špili karte

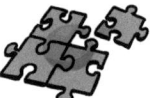

trencaclosca

ker-rumin khelin

SUPER
MEGA

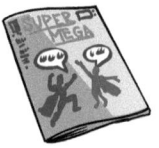

historieta

komikano lil

peces de lego

lego kocke

peces de construcció

kocke khelimaske

ninot d'acció

akciaki figura

granota

bodi bebeske

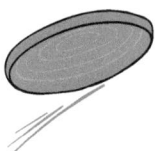

frisbee

frizbi

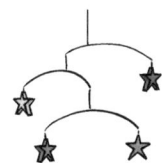

mòbil per a bressol

mobile

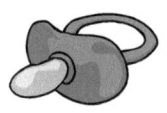

joc de taula

masa khelimaske

daus

zari

tren elèctric

pampuri khelimaske

xumet

cucla

festa

bahlana

llibre de dibuixos

tasvirengo lil

pilota

topka

nina

bebedžiko

jugar

khelibe

sorrera

pošikako than

gronxador

kuna

joguines

khelimaske butya

consola de jocs de vídeo

konzola video khelimaske

tricicle

triciklo

osset de peluix

poftaneski ričini

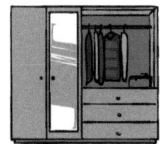

armari

garderoba

roba

šeja

mitjons

kalcunya

mitges

khuvde kalcunya

mitja pantaló

hulahopke

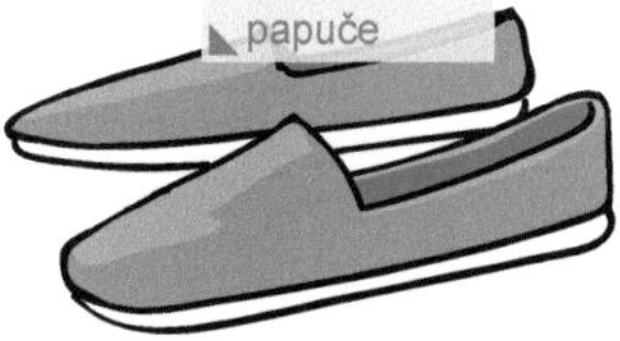

tapaçoll
momija

paraigua
čadori

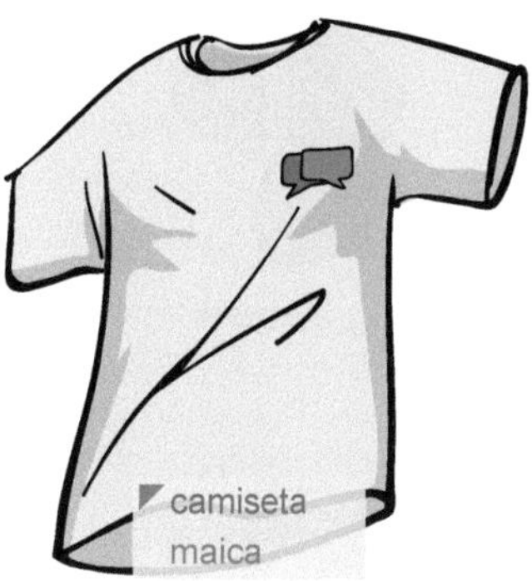

camiseta
maica

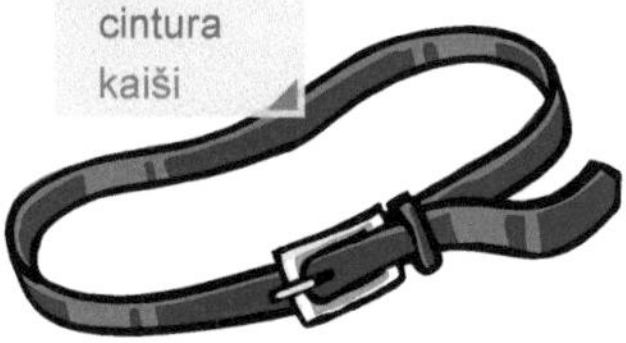

cintura
kaiši

botes
čizme

plantofes
papuče

sabates d'esport
trenerke

sandàlies
....
sandale

sabates
....
menije

botes de goma
....
gumena čizme

calçonets
....
sostenya

sostenidor
....
eleko

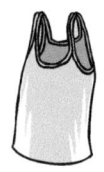

guardapits
....
jeleko

jjustacòs
bodi

pantalons
pantalonya

jeans
farmerke

faldeta
suknya

brusa
bluza

camisa
gat

jersei
puloveri

dessuadora
dukseri

blazer
harno kaputi

jaqueta
džeketi

mantell
kaputi

impermeable
biršimdesko mantili

vestit de dona
kostimi

vestit de dona
fustano

vestit de núvia
prandinako fustano

vestit d'home

kostumi

camisa de dormir

rakjako fustano

pijama

pižame

sari

sari

mocador de cap

momija šereske

turbant

turbani

burca

burka

caftan

kaftani

abaia

abaya

vestit de bany

nangyovimaske šeja

calçon(et)s de bany

buxle pantolonya

pantalons curts

harne pantolonya

xandall

sporteske trenerke

davantal

kecelya

guants

vasteske kalcunya

botó

kopča

ulleres

gjuzlukya

braçalet

belegziya

collaret

mirikle

anell

angrustik

orellera

čeni

casquet

stadik

penjador

kaputeski čiviya

capell

stadik

corbata

kravata

cremallera

patenti

casc

kaciga

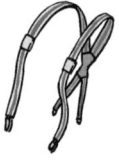

elàstics

dandenge proteze

uniforme escolar

školaki uniforma

uniforme

uniforma

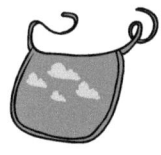

pitet

ligarka

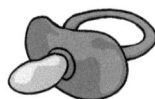

xumet

cucla

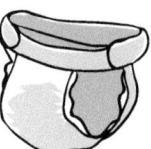

bolquer

pherno

oficina
ofiso

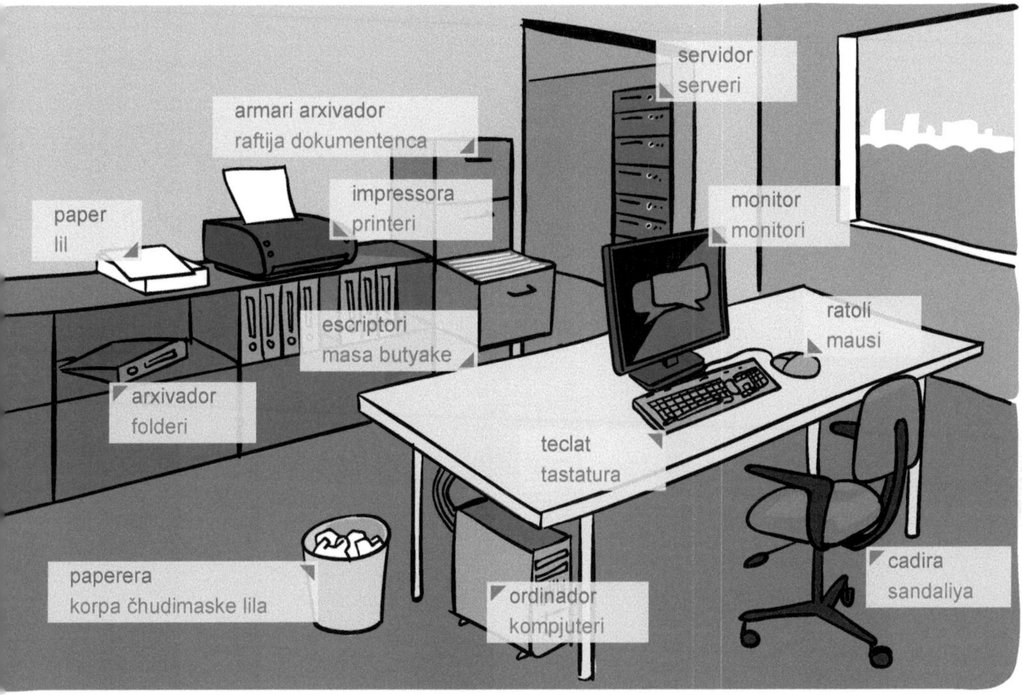

servidor
serveri
armari arxivador
raftija dokumentenca
paper
lil
impressora
printeri
monitor
monitori
ratolí
mausi
escriptori
masa butyake
arxivador
folderi
teclat
tastatura
paperera
korpa čhudimaske lila
cadira
sandaliya
ordinador
kompjuteri

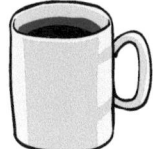

tassa de cafè

fildžano kafake

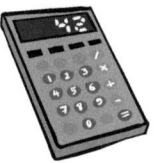

calculadora

kalkulatori

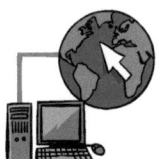

Internet

internet

ordinador portàtil

laptop

lletra

lil

missatge

mesaži

mòbil

mobilno telefono

xarxa

netvorko

fotocopiadora

kopirimaski makina

programari

softveri

telèfon

telefono

presa de corrent

štekeri

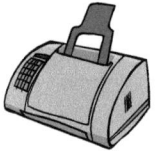

fax

faks makina

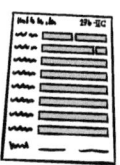

formulari

formulari

document

dokumento

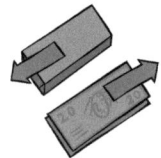

comprar

kinibe

pagar

pokinibe

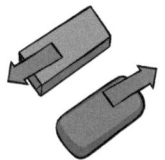

comerciar

kino-bikinibe

diners

love

dòlar

dolari

euro

euro

ien

jeni

ruble

rublya

franc suís

švajcariako franko

renminbi

renminbi juan

rupia

rupija

caixa automàtica

lovengo automati

oficina de canvi

biro baši devize

or

somnakaj

argent

rup

petroli

petroli

energia

energia

preu

fiyati

contracte

kontrakto

impost

taksa

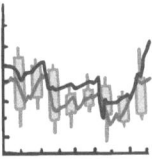

acció

berzaki akcija

treballar

butikeribe

treballador

butyarno

empresari

butyako dendutno

fàbrica

fabrika

botiga

dukyano

oficis
profesie

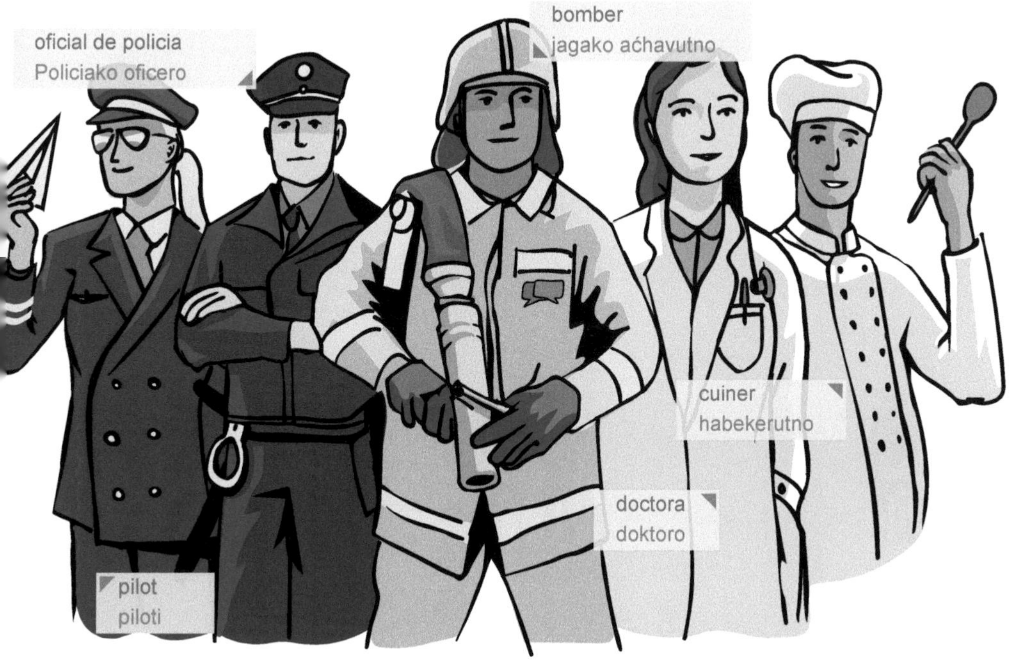
oficial de policia
Policiako oficero
bomber
jagako aćhavutno
cuiner
habekerutno
doctora
doktoro
pilot
piloti

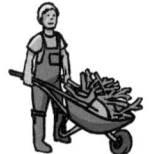

jardiner

bavčako butyarno

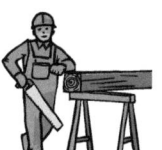

fuster

tišleri

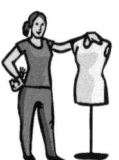

costurera

šnajderka

jutge

krisuno

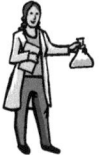

química

hemičari

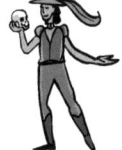

actor

akteri

conductor d'autobús

autobusesko šoferi

taxista

taksisti

pescador

mačhengo astarutno

dona de la neteja

užarutni

ensostrador

učharinengo kerutno

cambrer

kelneri

caçador

avdžija

pintor

tasvirkerutno

forner

furnadžia

electricista

elektrikako phirno

obrer de la construcció

tamirutno

enginyer

inžinjeri

carnisser

kasapi

llanterner

panjesko butyarno

correu

poštari

soldat

askeri

arquitecte

arhitekto

caixera

kasieri

florista

luludyari

perruquer

frizeri

revisor

kondukteri

mecànic

mekanisti

capità

kapetani

dentista

dandengo saslyarno

científic

vigjanalo manuš

rabí

rabini

imam

imami

monjo

rašaj

capellà

rašaj

eines
alatia

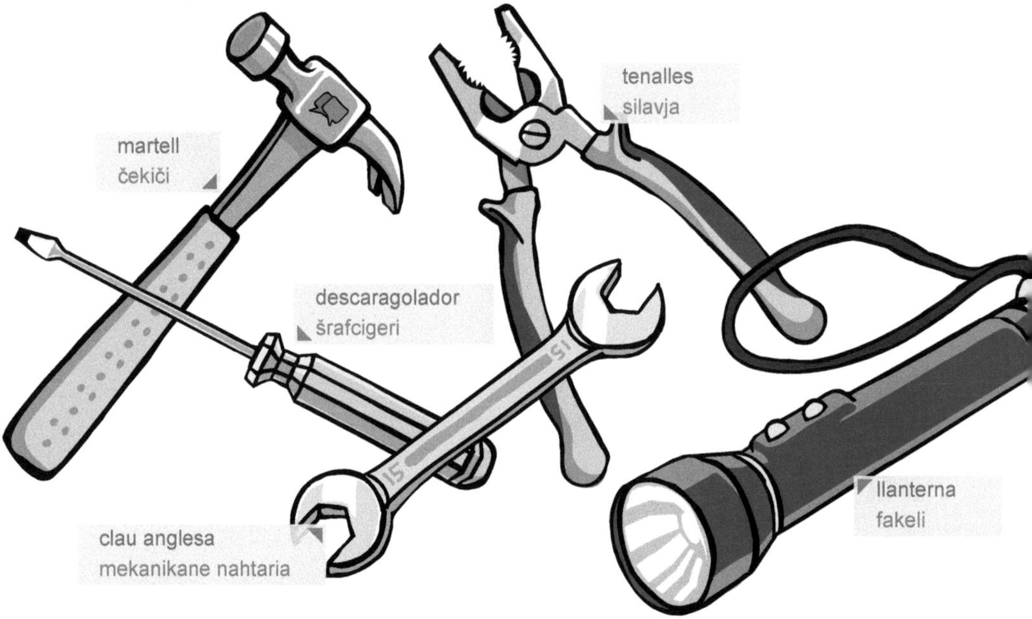

martell
čekiči
tenalles
silavja
descaragolador
šrafcigeri
clau anglesa
mekanikane nahtaria
llanterna
fakeli

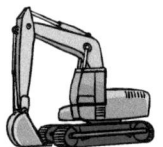

excavadora

hrandimasko alati

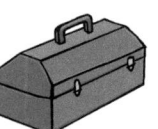

caixa d'eines

alateski kutia

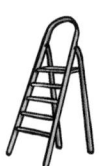

escala

merdeveni

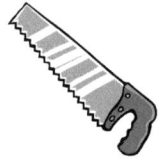

serra

pila

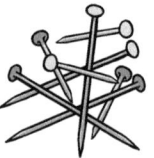

claus

karfa

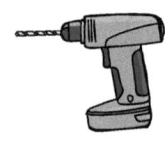

trepant

posavin

reparar

lačharkeribe

pala

lopata

Maleït siga!

Naleti!

pala

vatrali

pot de pintura

lonco bojimaske

caragols

šrafja

instrument de música
muzikane instrumentia

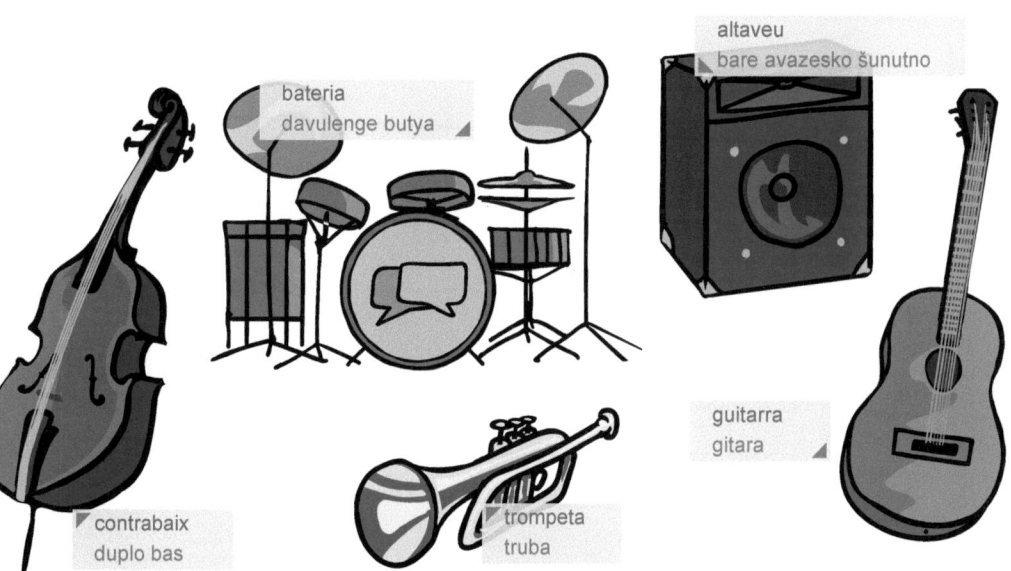

bateria
davulenge butya

altaveu
bare avazesko šunutno

guitarra
gitara

contrabaix
duplo bas

trompeta
truba

piano
piano

violí
kemana

baix
bas

timbal
timpani

tambor
davulia

teclat
sintisajzeri

saxofon
saksafoni

flauta
flejta

micròfon
mikrofoni

entrada
khuvin

tigre
tigari

gàbia
kafezi

zebra
zebra nakhimaski

aliment per a animals
hajvanengo parvaripe

ós panda
panda

animals
....
hajvania

elefant
....
elefanti

cangurú
....
kenguri

rinoceront
....
rino

goril·la
....
gorila

ós
....
ričini

camell

kamila

estruç

ostriga

lleó

aslani

simi

majmuni

flamenc

flamingo

papagai

papagali

ós polar

polarno ričini

pingüí

pingvini

ca mari

ajkula

paó

pauno

serp

sap

cocodril

krokodilo

guardià del zoo

zoo arakhutno

foca

foka

jaguar

jaguari

poni
poni

lleopard
leopardi

hipopòtam
hipo

girafa
žirafa

àliga
zorale kandžengi paškin

senglar
bali

peix
mačho

tortuga
želka

morsa
morži

guineu
lumri

gasela
gazela

futbol americà
Amerikako fudbali

ciclisme
biciklizmo

tenis
tenis

bàsquet
basketboli

natació
nangjovibe

boxa
boksi

hoquei sobre gel
hokej ko paho

futbol americà

fudbali

bàdminton

badmington

atletisme

atletika

handbol

vasteskoboli

esquí

skiibe

polo

polo

saltar
hutibe

abraçar
deibe angali

riure
asaibe

anar
phiribe

cantar
giljavibe

somiar
dikhibe suno

pregar
azirikeribe

fer un petó
čumíbe

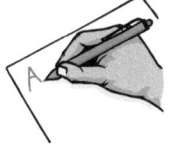

escriure

hramovibe

dibuixar

čitribe

mostrar

sikavibe

pitjar

cidljaribe

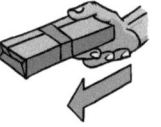

donar

deibe

prendre

leibe

tenir

isibe

fer

keribe

ésser

te ovel

estar dret

tergyovibe

córrer

prastaibe

estirar

cidibe

llançar

čhudibe

caure

peribe

jeure

hovavibe

esperar

adžikeribe

portar

phiravibe

asseure's

bešibe

vestir-se

urjavibe

dormir

sovibe

despertar-se

džangavibe

mirar

dikhibe ko

plorar

rovibe

amoixar

čalavibe

pentinar

uhlavibr

parlar

vakeribe

comprendre

haljovibe

demanar

puč

escoltar

šunibe

beure

piibe

menjar

habe

endreçar

užaribe

estimar

kamibe

cuinar

keribe habe

conduir

paldibe vordon

volar

urjalibe

navegar

vaporea džaibe

calcular

kalkulirin

llegir

drabaribe

aprendre

sikljovibe

treballar

butikeribe

casar-se

prandibe

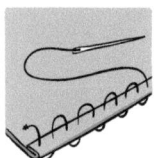

cosir

suvibe

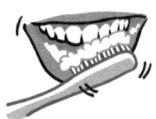

raspallar-se les dents

thovibe danda

matar

mudaribe

fumar

piibe dahani

enviar

bičhalibe

àvia
mami

avi
papu

pare
dat

mare
daj

nadó
bebe

filla
čhaj

fill
čhavo

convidat

misafiri

tia

bibi

oncle

kako

germà

phral

germana

phen

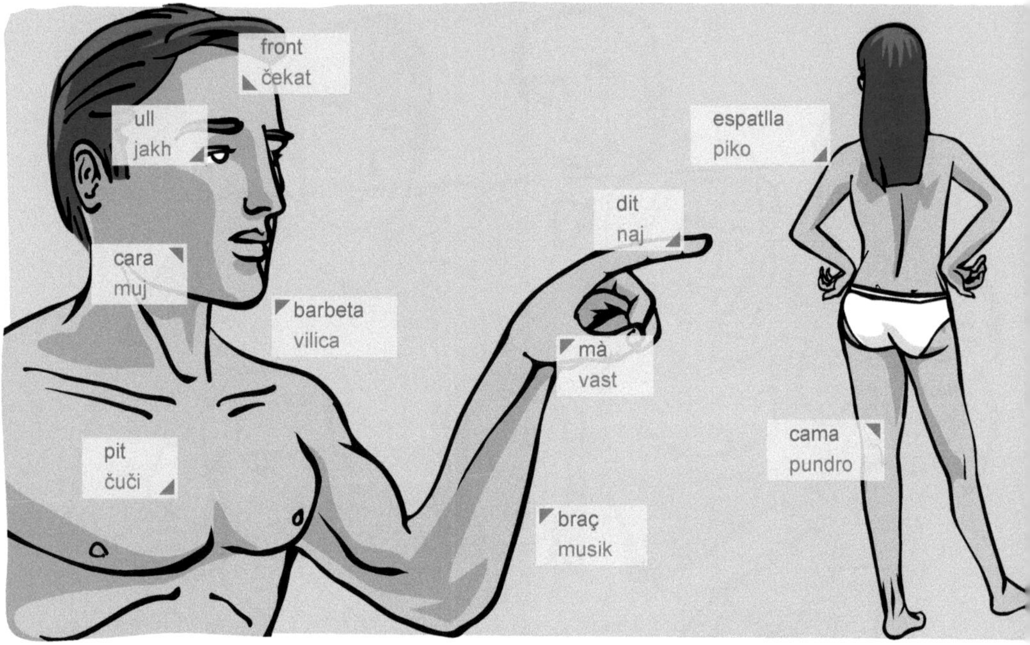

front
čekat

ull
jakh

espatlla
piko

dit
naj

cara
muj

barbeta
vilica

mà
vast

pit
čuči

cama
pundro

braç
musik

nadó

bebe

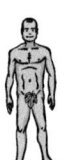

home

murš

dona

džuvli

noia

čhaj

noi

ćhavo

cap

šero

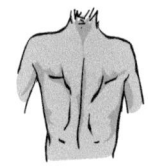

esquena
dumo

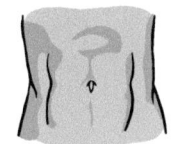

panxa
maškar

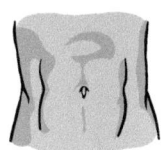

melic
pupko

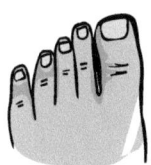

dit gros del peu
pundrenge naja

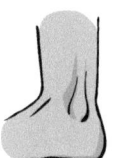

taló
patum

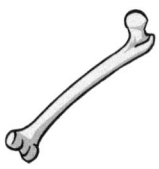

os
kokalo

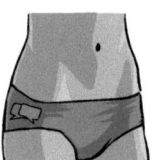

maluc
kuko

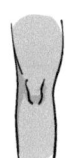

genoll
koč

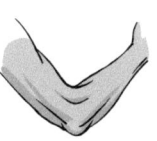

colze
lahci

nas
nakh

cul
bul

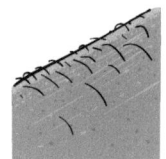

pell
mortik

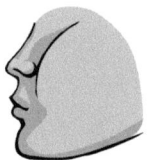

galta
čham

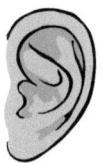

orella
kan

llavi
voš

cos - trupo

boca

muj

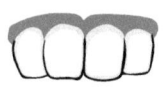

dent

danda

llengua

ćhib

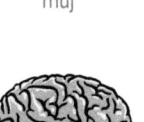

cervell

godi

cor

vilo

múscul

muskulo

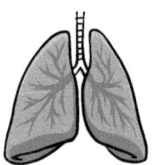

pulmó

kolin

fetge

buko

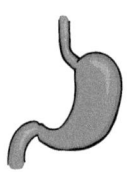

estómac

vogi

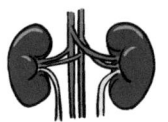

ronyó

bubrekora

relació sexual

seks

preservatiu

kondomi

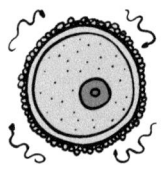

ovari

yarengi kletka

semen

sperma

prenyat

khamnipe

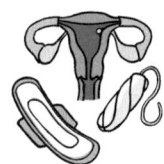

menstruació

menstruaciya

vagina

vagina

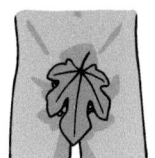

penis

penis

cella

phov

cabells

bala

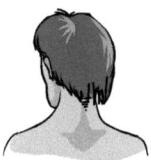

coll

men

hospital
hospitalo

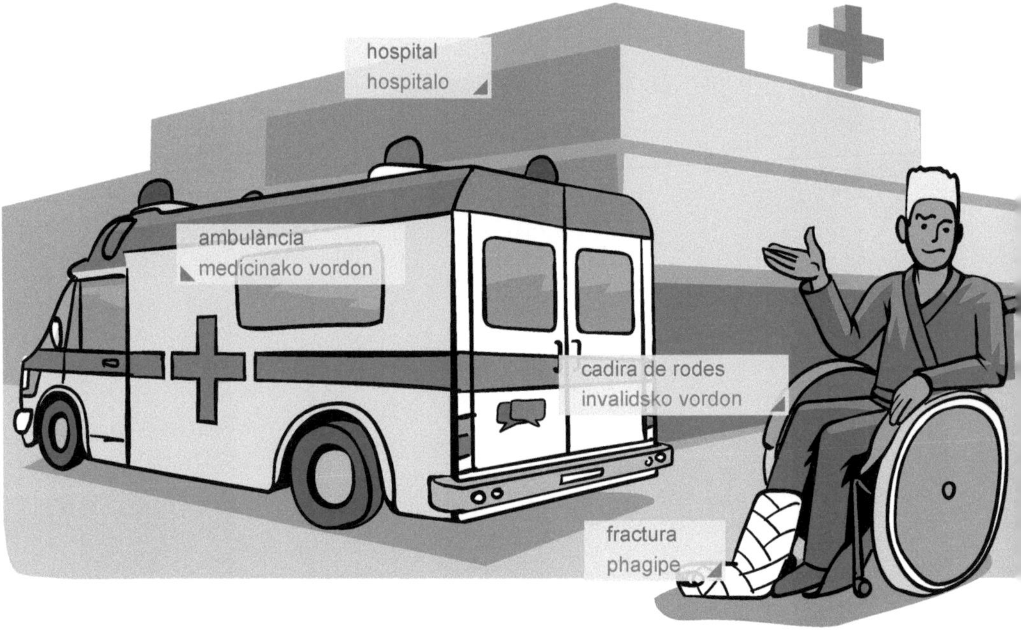

hospital
hospitalo
ambulància
medicinako vordon
cadira de rodes
invalidsko vordon
fractura
phagipe

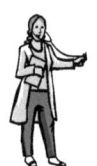

doctora

doktoro

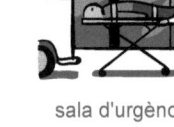

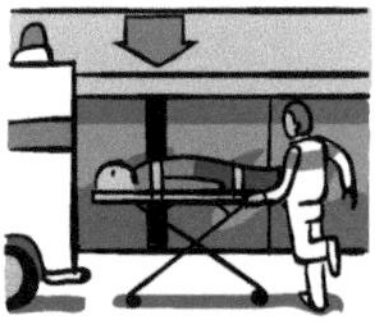

sala d'urgències

sigyarimaski kamara

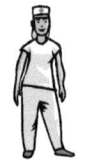

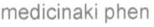

infermera

medicinaki phen

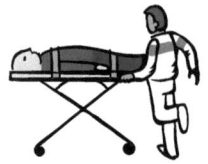

urgència

sigyaripen

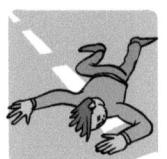

inconscient

ki koma

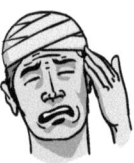

dolor

dukh

ferida

dukhavipen

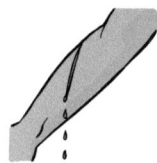

sagnament

ratvaripe

atac de cor

infrakto

apoplexia

šlog

al·lèrgia

alergiya

tos

khuinibe

febre

tinanipe

gripa

gripa

diarrea

diyarea

mal de cap

šereski dukh

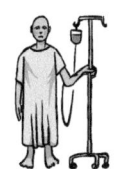

càncer

kanceri

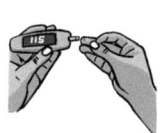

diabetis

diyabetes

cirurgià

operaciya

escalpel

skalperi

operació

operaciya

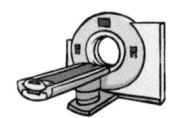

tomografia computada (TC), TAC
CT

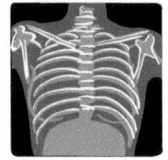

raigs x
rentgen

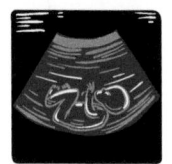

ultrasò
ultra avazo

mascareta
mujeski maska

malaltia
nasvalipe

sala d'espera
adžukyarimasko than

crossa
paterica

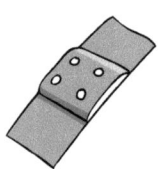

tireta
flastero

embenat
phandimaski gaza

injecció
inyekciya

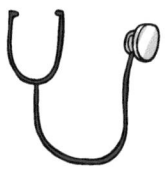

estetoscopi
stetoskopo

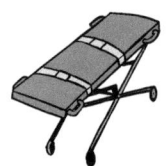

llitera
tregero

termòmetre clínic
klinicko termometro

pariment
biyanipe

sobrepès
baro thulipe

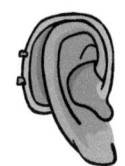

aparell auditiu

ašunimasko aparato

desinfectant

dezinfekciako

infecció

infekciya

virus

viruso

VIH / SIDA

HIV / SIDA

medicina

medicina

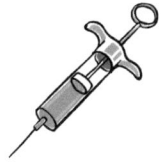

vaccí

vakcinaciya

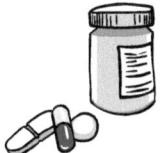

comprimits

tabletura

píl·lola

hapi

trucada d'urgència

sigyarimasko akharipe

tensiòmetre

monitori vaš učo pretisak

malalt / sà

nasvalo / sasto

Socors!
Mažutisar!

alarma
alarmo

assalt
atako

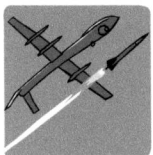

atac
atako

perill
dar buti

sortida-eixida d'urgència
sigyarimasko iklyovipen

Foc!
Bari jag!

extintor
mamuj jagako aparati

accident
bibax

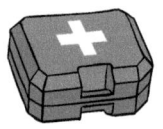

farmaciola de primers
auxilis
butya avgo ažutimaske

SOS
SOS

policia
Policia

Europa

Evropa

Amèrica del Nord

Utarali Amerika

Amèrica del Sud

Purabali Amerika

Àfrica

Afrika

Àsia

Azija

Austràlia

Australia

Atlàntic

Atlantiko

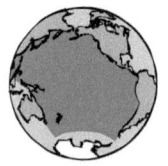

Pacífic

Pacifiko

Oceà Índic

Indiako Okeano

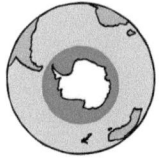

Oceà Antàrtic

Antarktikosko Okeano

Oceà Àrtic

Arktikosko Okeano

pol nord

Utaralo poli

pol sud

Purabalo poli

Antàrtida

Antarktiko

terra

phuv

país

phuv

mar

samudra

illa

džaziri

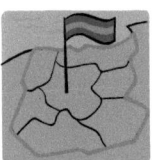

nació

nacija

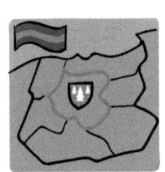

estat

raštra

quadrant
saatosko gendo

agulla de les hores
saatoski sikavni

agulla dels minuts
dakikongi sikavni

agulla dels segons
ekundarno saatoski sikavin

Quina hora és?
Kozom si o saato?

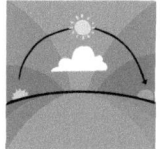

dia
dive

temps
vrama

ara
akana

rellotge digital
digitalno saato

minut
dakika

hora
časo

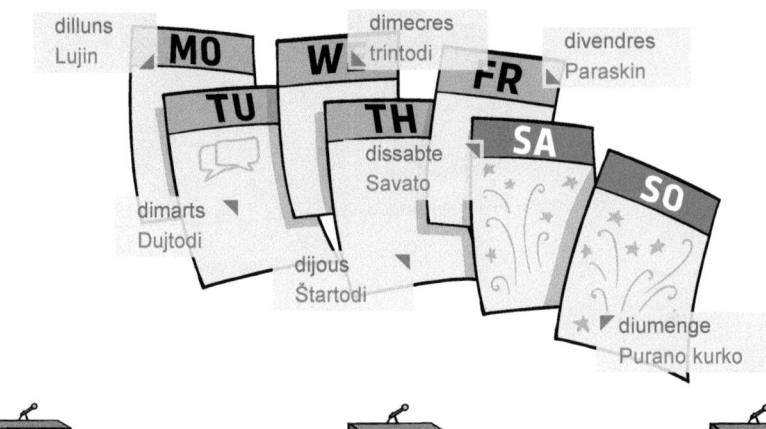

dilluns
Lujin

dimecres
trintodi

divendres
Paraskin

dimarts
Dujtodi

dissabte
Savato

dijous
Štartodi

diumenge
Purano kurko

ahir
erati

avui
avdive

demà
tajsa

matí
javin

migdia
ekvaš dive

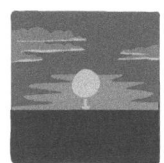

tarda
blevel

MO	TU	WE	TH	FR	SA	SU
1	2	3	4	5	6	7
8	9	10	11	12	13	14
15	16	17	18	19	20	21
22	23	24	25	26	27	28
29	30	31	1	2	3	4

dia feiner
butyarne divesa

MO	TU	WE	TH	FR	SA	SU
1	2	3	4	5	6	7
8	9	10	11	12	13	14
15	16	17	18	19	20	21
22	23	24	25	26	27	28
29	30	31	1	2	3	4

cap de setmana
vikend

any
berš

pluja
biršim
arc de Sant Martí
renkali badalin
neu
iv
vent
bavlal
primavera
anglonilaj
tardor
palonilaj
estiu
nilaj
hivern
ivend

4.APRIL 11°
5.APRIL 4°
6.APRIL 13°
7.APRIL 8°
8.APRIL 10°

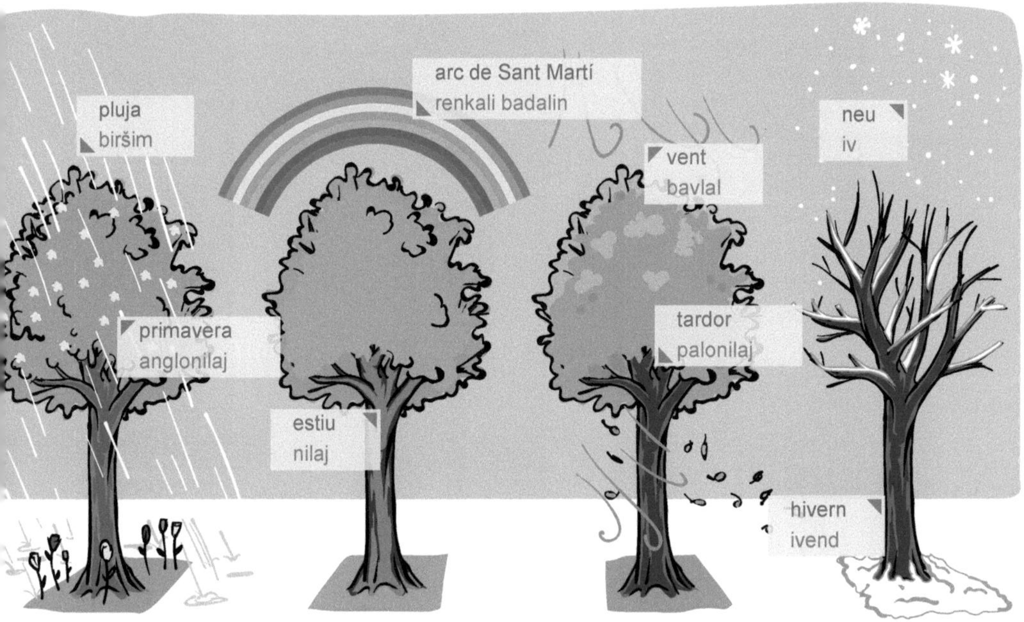

pronòstic del temps

vramakoro vakeribe

F C
120 90 60 30 0 -30
40 30 20 10 0 -10 -20

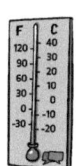

termòmetre

termometro

llum del sol

khamalo

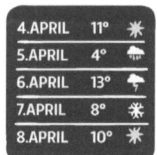

núvol

badal

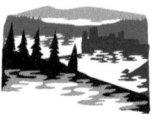

boira

muhi

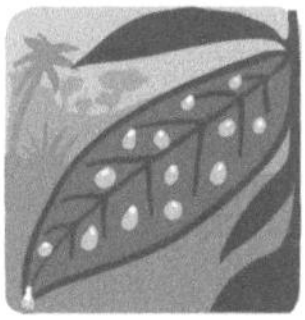

humiditat de l'aire

nemlime hava

llamp

šemšekoja

tro

šemšekosko čalavibe

tempesta

bura

calamarsa

kijameti

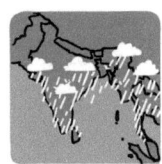

monsó

monsuni

inundació

baro pani

gel

paho

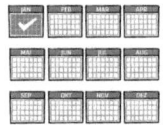

gener

Januaro

febrer

Februaro

març

Marto

abril

Aprilo

maig

Majo

juny

Juno

juliol

Julo

agost

Augusto

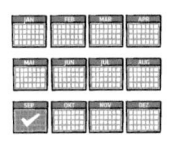

setembre

Septembro

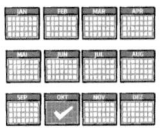

octubre

Oktombro

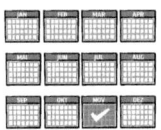

novembre

Novembro

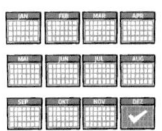

desembre

Dekembro

cercle

rota

quadrat

kvadrati

rectangle

rektanglo

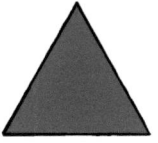

triangle

trianglo

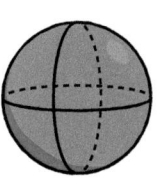

esfera

sfera

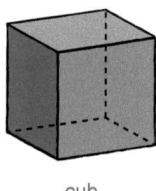

cub

kocka

blanc

parni

groc

galbeno

taronja

pomarandža

rosa

roze

vermell

loli

lila

lila

blau

vunato

verd

harjali

marró

kafeno

gris

kuršumlija

negre

kali

molt / poc

but / hari

emprenyat / tranquil

holjame / mudro

bonic / lleig

šuži / bišuži

començament / fi

starto / agor

gran / petit

baro / tikno

clar / fosc

puterde bojako / phanle bojako

germà / germana

phral / phen

net / brut

užo / melalo

complet / incomplet

sahno / bisahno

dia / nit

dive / rat

mort / viu

mulo / dživdo

ample / estret

buvlo / tank

comestible / immenjable

hala pe / na hala pe

dolent / amable

džungalo / šukar

entusiasmat / entediat

bare vogjea / bi vogjea

gros / prim

thulo / kišlo

primer / darrer

avgo / paluno

amic / enemic

amal / dušmani

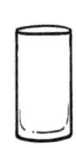

ple / buit

pherdo / čučo

dur / tou

zoralo / kovlo

pesant / lleuger

pharo / lokho

gana / set

bokh / truš

malalt / sà

nasvalo / sasto

il·legal / legal

ilegalno / legalno

intel·ligent / ximple

godyaver / bigodyako

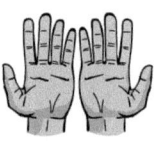

esquerra / dreta

bajan / dahin

prop / llunyà

paše / dur

nou / usat

nevo / purano

res / quelcom

khanči / vareso

vell / jove

phuro / terno

encès / apagat

phabardo / ačhavdo

obert / tancat

puterdo / phanlo

silenciós / sorollós

mudro / bare avazeskoro

ric / pobre

barvalo / čorolo

correcte / incorrecte

čačutno / došalo

aspre / suau

zoralo / kovlo

trist / content

mazuni / lošalo

curt / llarg

skurto / lungo

lent / ràpid

pohari / sigate

humit / sec - eixut

sapano / šuko

calent / fred

tato / šudro

guerra / pau

mareba / sansari

0

zero

zero

1

u

jek

2

dos

duj

3

tres

trin

4

quatre

štar

5

cinc

panč

6

sis

šov

7

set

efta

8

vuit

ohto

9

nou

enja

10

deu

deš

11

onze

dešujek

12	**13**	**14**
dotze	tretze	catorze
dešuduj	dešutrin	dešuštar

15	**16**	**17**
quinze	setze	disset
dešupanč	dešušov	dešefta

18	**19**	**20**
divuit	dinou	vint `
dešohto	dešenja	biš

100	**1.000**	**1.000.000**
cent	mil	milió
šel	milja	milioni

anglès

Anglicko

anglès americà

Americko Anglicko

xinès mandarí

Kinesko Mandarinsko

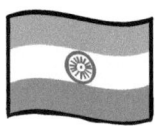

hindi

Indisko

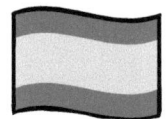

espanyol

Špansko

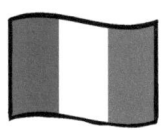

francès

Francusko

àrab

Arapsko

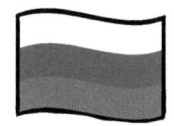

rus

Rusko

portuguès

Portugalsko

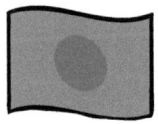

bengalí

Bengalsko

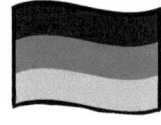

alemany

Nemicko

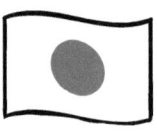

japonès

Japansko

jo

thaj

tu

tu

ell / ella / allò

ov / oj

nosaltres

amen

vosaltres

tumen

ells

ola

qui?

ko?

què?

so?

com?

sar?

on?

kote?

quan?

kana?

nom

anav

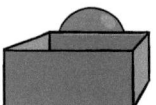

darrere

palal

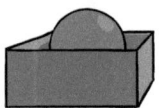

en

andre

davant de

anglal o

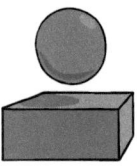

damunt

upral

sobre

an

sota

telal

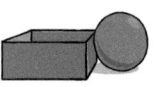

al costat

trujal

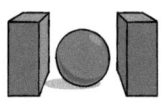

entre

maškaral

lloc

than